JN417736

가을,
번개맞다

| 김창희 시집 |

몽트

가을, 번개 맞다

초판 발행일 | 2013년 11월 1일

지은이 | 김창희
펴낸이 | 김미희
펴낸곳 | 몽트
주소 | 경기도 수원시 권선구 당수동 234. 102호
전화 | 031-501-2322 / 010-7270-6976
팩스 | 031-501-2321
이메일 | memento33@hanmail.net
출판등록 | 2012.12.18 제251-2012-65호

ISBN 978-89-6989-004-7
-책값 10,000원
-파본은 본사와 구입한 곳에서 교환해 드립니다.
*이 책은 저작권법에 의하여 보호를 받는 저작물이므로 무단전제와 복제를 금합니다.
*이 책은 시흥시 문예진흥기금의 일부 지원을 받아 제작되었습니다.

가을, 번개맞다

| 김창희 시집 |

느닷없는 번개의
외침이
생경스러운 이른
가을
굳이
불어오지 않아도
될 안부
번뇌를 쏟아 부어
온몸으로
건네 온 찌릿함
동맥을 타고 흘러내려
저만치
아랫도리를 흘러
내리는
오줌 저린 후의
낯선 느낌의
혼란스러움
번개 맞은 가을은
옴짝할 수 없을
만큼의
소용돌이로 기력이 쇠한채
긴 울렁임만 가득하고
드러누운 싯누런 들판이
을씨년스럽다

시인의 말

옹이진 큰 나무처럼
가을산의 어스름처럼
발가락이 늙었다
닳았다 놓여지는 마음속 벼랑
발가락 사이사이
그 틈으로 내려앉은 울림
……

– 발가락 中

가끔은 혼자이고 싶을 때
마음에 품고 있던 속내를 하나하나 꺼내 놓았습니다.
내게로 와서
내가 된 굳은살처럼
글과 함께 해야 할 이유는 많았습니다.
헛헛하거나 기쁘거나 슬프거나 외로울 때입니다.

가을이 왔습니다.
또 다시 가을을 맞습니다.
코스모스가 하늘거리고 가을꽃이 지천입니다.
이렇게 좋은 계절에
그간 써 놓은 글들을 처음이라는 이름으로

세상에 내어 놓습니다.
앞으로
더 어여쁘고 더 간절한 詩들로 정진하겠습니다.

차례

PART2 _바람의 언덕

PART3 _펄럭이는 그리움

PART4 _노을에 지다

PART 1

그냥 바람인 것을

봄을 꿈꾸다

느닷없이 쓴 커피 한 잔을 들이키고 싶은
눈 흩날리는 오늘
에스프레소로 입 안 가득 향을 채우고
뽀얗게 내리는 눈을 맞고 싶다

텅 빈 들에
새파랗게 파 꽃이 피었다

피곤에 절어 절뚝이는 밤
눈밭에 파랗게 핀 파 꽃을 꿈꾸며

발 가 락

옹이진 큰 나무처럼
가을산의 어스름처럼
발가락이 늙었다
닿았다 놓여지는 마음속 벼랑
발가락 사이사이
그 틈으로 내려앉은 울림

먼지처럼 내려앉는
세월의 더께
그 더께위로 내려앉는 삶의 무게

틈

그대와 나와의 사이
아무것도 보이지 않습니다

그대와 나와의 사이
아무것도 알 수 없습니다

그대와 나와의 사이
도무지 알 수 없습니다

고맙고 감사하고
증오하고 미워함에 대하여

함께 할 수 있다는 것

함께 할 수 있다는 것
그것으로 충분한 오늘이다
구름이 선물하는 그늘이
뽀스락거릴 몸뚱이를 안도하게 한다

퇴계 마중

기품 있는 선비를 마중한다
서원을 휘감으며 강물은 유유하다
서생들은 책을 품은 채
시인 퇴계와 마주한다
"꽃에 해가 지고 동녘에 해가 뜨니
꽃과 달이 어울려 시름은 한이 없다
달은 만월인 채 꽃도 지지 않는다면
술 못 마실 걱정 없으련만 "

-유림 3권 중에서-

두들마을

어스름 저녁
달빛 비추고 별 깊을 시간
두들 마을에서 꿈을 꾼다

오랜 고택에 누워
두런두런 밤을 지새운다
한기가 느껴지는 여름밤

지나는 길손을 위해 군불을 지펴 준
보이지 않는 넉넉함을 떠올리며

불영사

佛影寺
비구승들의 거처
범접할 수 없는 위엄에
초라한 주눅이 들었다
수채화 같은 풍경들이 촘촘히 어우러지고
못 속에 비친 부처의 자비
이른 봄 버들개지처럼 만개한 밤꽃
대중 보살을 향해 피어있다

끈적이는 하루

시작부터 꼬였어
물에 말아 꾸역꾸역 삼킨 아침밥이
목덜미에 걸려 편치 않은 속으로
하루가 이상할 거라 짐작은 했지

종일 되는 일이 없어
이럴 땐 그냥 잠이 보약이야
한숨 자고 나면 세상이 달라져 있으려나
오지 않는 잠을 꾸역꾸역 부른다

길 고양이

파릇이 오른 보송한 털이
오래지 않은 그의 태생을 말한다
날개가 있듯
날아오르는 모양새가 꽤 우습다
돋지 않은 발톱으로
도움닫기에 열중이다
달리는 차에 내다 꽂혀 산화하는
여름날 날 벌레 같다
골목에 주차된 차량의 범퍼위로 돌진하다
튕기듯 바닥에 내쳐진다
여덟 단 높은 벽돌담도
넘을 모양이다
자
돌진이다

똥파리

빼꼼히 열어놓은
창문 틈새로
똥파리가 날아들었다
휘이훠 손을 내저어 밀어내도
도무지 나갈 생각이 없다
못생긴것이 고집까지 쎄다

北村

조용하다
조용했다
처마에 빗물 고이고
풍경소리 새롭다

어야 가자

어야 가자
아야 어야가자
아무도 모른다
어야가 어딘지

아야 어야가자
누구나 안다
어야가 어딜지

몸빼 입은 내 엄마의
다시 듣고 싶은
어~야 가자

카드

신기루다
삐-익
통과다

전철을 탔다

로또

7, 18, 23, 34, 4, 1, 42
행운의 숫자 7은 기본으로 넣고
18은 천대 받는 숫자이니
나만이라도 곱게 쓰려고 두 번째로 넣고
23은 통계적으로 자주 나오는 숫자란다
그래서 뽑혔고 34는 그냥 자주 떠오르는
숫자라서 혹여나 하고 넣어주고
41, 42는 확률적으로 아주 높은
그래서 뽑아 쓴다

행운의 번호는 무엇으로 뽑을까
4자는 어떨까
엘리베이터에서도 떨려나고
빌라에서도 떨려나고
너도나도 모두 떨어내는 4
그래, 내가 붙여줄게

그곳

아홉 계단을
네 번 반 올라 닿은 그곳
그곳엔 아무것도 없다
그냥
흔적만이 있을 뿐이다
아직
그곳은 한겨울이다
난로 두 개
작동하지 않는 컴퓨터 한 대
먹다 남긴 술 반병
그리고
새우깡 시어빠진 김치 한 통
볼품없는 침대 하나
커피 몇 알
그래도
흔적을 좇아 그곳으로 향한다

거짓말

낯선 곳에서의 하룻밤
말쑥하게 정돈된 사방이
낯설다

그저
눈꺼풀이 눈동자만 덮고 있는 건지
육신은 혼미한데
정신은 말갛게 말간 채로

아래 주점에서 들리는
달갑지 않은 노랫소리

지금이 가면
거짓말처럼 다시 일상
모두 거짓처럼
흥겹다

느낌

누굴 생각하며
무얼 생각하는지
어떤 느낌과
어떠한 어우러짐을 갖게 되는지

느낌
느낌표
스러진 염전
국화 흐드러진 가을날

*아침해

내 이름은 *아침해
거친 눈발로 한 치 앞이 보이지 않아도
세찬 비바람이 불고
뿌연 안개가 시야를 가려도
나는 달렸습니다
포탄이 퍼붓는 전장을
달리고 또 달렸습니다
다리에 포를 맞고 쓰러지고 또 쓰러졌어도
다시 일어나 달렸습니다
그렇게 나는 전설이 되었습니다

나는 하사계급을 가진 최초의 말이 되었습니다
내 이름은 아침해입니다

*아침해-1953년 한국전쟁에서 혁혁한 공훈을 남긴 미국 해병대 최초의 말하사관의 이름

규칙

별이 지고
낙엽이 지고
바람이 집니다

쓰르라미 울음소리에
한 잎 푸름도 지고
두 잎 단풍이 솟습니다
떨어지고 솟고
떨어지고 솟고
또 집니다

아픔이 지고
슬픔이 지고
외로움이 집니다

그리움이 솟고
설레임이 솟고
떨어지고 솟고
떨어지고 솟고
또 집니다

떨어지는 모든 것에
규칙이 있습니다

PART 2

바람의 언덕

다행이다

일간지에 가지런히 정렬된 오늘의 운세
타인이 모두 우러르는 부러울 것 없는 날
느닷없는 행복을 한 아름 끌어안은 오늘

이지러진 낮달처럼
볼품없는 내 요즘이 오늘의 운세로
활짝 펼듯하여 참 다행이다

무제

사골을 끓이며
진한 향을 기다린다

멀겋게 뜬 부유물을
한 점 한 점 거둬내고
살 중의 살과 뼈 중의 뼈가 모두
혼탕 되어 혼미해질 즈음

생뚱맞은 초승달이
멀겋게 떠있다

도서관에서

어린 왕자와 피터 팬은
한집에 살아요

어린 왕자는
여러 별을 거쳐 이곳에 왔어요
하지만
어린 왕자는 항상
어딘가로 떠나려고 해요
소행성 B612로 돌아가고 싶은 거예요
그곳엔 친구인 장미꽃이 기다리고 있거든요
나는 도서관에서
늘
누군가가 소행성 B612로 데려다 주길 기다리고 있어요

피터 팬도
웬디의 방으로 어느 날 밤 날아왔어요
피터 팬도 항상
어딘가로 가고 싶어 해요
환상이 가득한 네버랜드로 가고 싶은 거예요
그곳엔 꿈과 희망이 기다리고 있다고 생각하고 있거든요
그런데

혼자서는 갈 수가 없어요
나는 이곳에서
누군가가 네버랜드로 데려다 주길 기다리고 있어요

바람처럼
햇빛처럼 오늘은 갈 수 있을 것 같아요
발자국 소리 들려요
나를 부르러 오는 소리가 나요
네버랜드와 소행성 B612로
오늘은
꼭 가고 싶어요

또로록

연꽃잎에 맺힌 이슬방울
또로록 떨어져요

초가지붕 지푸라기에 맺힌 빗방울
또로록 떨어져요

덜 잠긴 수돗물도
또로록

우산 위에 떨어지는 빗소리도
또로록

아버지의 낡은 자전거
뚜루룩 투박했던 녹슨 벨 소리
잎에 걸린 이슬방울 소리처럼
뚜루룩 그 소리 그리워져요

만남 –대우를 만나다

어떻게 해야 하나
떨림 반
두려움 반

말은 통할까
어찌 소통해야 하나

외국인복지센터

잠깐의 멈칫거림

안녕하세요?
베트남에서 온 외국인 근로자 "부강 대우"
어려운 베트남 이름 대신
함바 식당 아주머니가 붙여준 비슷한 발음의 부강 대우
다소 어눌한 그 인사에
흠칫 "네 안녕하세요"
그리고 실습일 내내 친구처럼 아들처럼

보람되고 의미 있었다
시간을 동여매고 싶기도 했던
120시간이 흘렀다

행복했다

G P S 달고 용궁 찾다

거뭇거뭇 해 지는데
맑은 눈 바다거북이 걷는다
희멀건 낮달 사이로 맑은 눈 토끼가 걷는다
청춘낙엽이 되어 발길에 걷어채는 시퍼런 청춘들
설익은 박처럼 서걱거리고
꿈틀대는 욕망과 내일을 찾아
뿌옇게 흐려지는 시야로 G P S 달고 용궁 찾아 나선
다
갯벌에 묻혀 찾을 수 없고 보이지 않아도
그저 두렵지 않음은 오롯이 내 곁 가까이에 GPS가
있음이다
용궁이 보인다

살아온 이력

벌거벗은 가지가 바람에 흔들린다
갈증은 바람으로부터 시작되어
밀리고 밀려와 수챗구멍에 쑤셔 박혔다
헛헛한 체기에 채워도 늘 배고프다

벌거벗은 가지가 하얗게 내려앉는다
가지가 흔들리는 것은 바람 탓이다
밀려온 바람에
쑤셔 박힌 수채에서 하얗게 모근이 자란다
싸리 꽃처럼 뽀얀 속살을 더듬으며 꽃핀다

그저 잠깐 머물렀을 뿐이다
긴 시간 으스러지던 뼛속 소음들도 바람의 머무름에서
시작되었다
그리고 잠깐의 갈증은 저 밑바닥에서부터
움틀 거리고 나는 바람에게 싸리 꽃을 선물한다

대상포진에 움찔거리는 등처럼 혹한의 시간과 마주한
내 삶과
절뚝거리는 발목관절은 오늘도 바람을 맞는다
세월을 둘둘 말아 바람에 실어 보낸다

옹송그리듯 살아 낸 삶이 뽀얀 사골국물처럼 정갈할 수 있을까
오랜 날 살아온 이력처럼 구멍 숭숭 뚫린 우려낸 뼛조각에서 빠져나온
텁텁한 느낌의 고약한 모습
따끔거리는 이력

상상초

한 골짝 앙증맞은 개울물 건너
수숫대도 비껴가며
더러는 강아지의 반김도 뒤로하며
인적 드문 갈대숲 지난다

허허로운 바람결에 내 마음 다 빼앗기고
발길 끝에 머무는 그리움 만나러 간다

되돌아올 수 없는 그 날
한 줌의 심상에 그리움 되어 맺힌 지
여러 해 되었건만
내 마음의 오로라로 다시 피어난다

*얼레지

봄을 기다리는 겨울이
얼레지와 같다
봄인 듯하더니
다시 알싸한 날이다
자줏빛 여섯 잎을 말아 올린 모양새가
봄기운에 바람난 여인처럼 화사하다
앙증맞은 여섯 잎을 걷어 올린
속살 사이 여섯 여자와 한 남자가
더불어 살아가고 있다

*얼레지 꽃말–바람난 여인. 질투

오이도1

눈이 서걱거리듯 내리고
잔물 바다 위에 갈매기와 함께 내려앉는다
빛은 없어도
바다 위 뱃길을 향해 붉은 등대의 시선은 멈춰있다
절여진 일상을 나루에 풀어놓고
배에서 갓 내려진 펄떡이는 심장과 마주하며
내일을 꿈꾼다
붉은 해가 바다로 가라앉고
말간 달이 봉긋 솟으면
그저 그대로 밤을 맞고 싶은
오이도
켜켜이 쌓아놓은 그리움의 도화지
다시 아련해지는 곳 오이도
그곳엔 그렇게 또 다른 그리움이 놓인다

오이도2

갈매기 지고 나면
너른 펄 밭에 노을이 가득하다
노을은 말하지 않는다
잠시 후
적막이 흐르고
깊은 그리움으로 채워지리라는 것을

오이도3 -함상 전망대에서

금방이라도 포가 적지에 쏟아져 내릴 듯하다
커다란 덩치로 버티고 서서 수많은 사람을 싣고 내린다
함상에 서서 멀리 물찬 바다를 본다
그곳엔 제1연평해전이 보이고
스러져간 내 혈육이 보이고
침몰하는 적선이 보인다

지하 사글셋방

우기엔 빗물과 함께였고 쨍한 여름날엔 시원해서 좋았던 그곳

유세풍경

제철도 아닌데 꼴뚜기가 지천이다
아직은 제때도 아닌데

여름 낙엽

성글지 못한 초록이
산맥을 넘어온 커다란 놈에게
맥없이 자빠졌다

여름날 자빠진 맥없는 그 아픔은
누구의 위로도 필요 없다

온몸이 찢겨 내 뒹굴려 진 裸木

빛은 흔적도 없이 사라져 버린 아침
초록은 시위하듯 짙은 향을 뿜어내고 있다

자꾸 따라와요

엄마
재가 자꾸 따라와요
할머니네 가는 고속도로에서도
우리 집 베란다에서도
나를 빤히 보고 있어요

할머니 집에 도착했어요
달과 별은 여전히 나를 빤히 내려다보고 있어요

엄마
재가 왜 자꾸 나만 따라다녀요?

하늘에 총총한 별과 초승달이
나를 계속 내려다보고 있어요
내가 잠들어 있을 때도
내일 잠에서 깨었을 때도

우리 집 베란다까지
나를 다시 쫓아올지도 몰라요
그리고 얼른
또
할머니 집으로 가 있을지도 모르겠어요

무릉리에서

푹 고여진 사골국물을 남기고
뻥 뚫린 뼛속을 내보인 삭은 뼛조각처럼
고스란히 인생이 녹아내린 찌든 육신을 첨벙 소리조차 죽여가며 가만가만 보듬는다

수족은 네것처럼 뻣뻣해 명령받은 대로 움직이지 못하고 앓는 소리가 작은 개울에 말 그림자로 퍼져 파문을 일으킨다
돌베개하고 누워 볼품없이 찌그러진 초승달을 바라보며 품어내듯 쏟아지는 곤한 소리가 여름 내(川)에 가득하다

급한 이유

향기로운 삶을 살아내고 싶었습니다
향내 깊은 그런 삶을 살고 싶습니다
무얼 하며 살아왔는지 도둑맞은 것처럼 빠르게 흐른
시간 앞에
오늘도 여전히 맘은 급합니다
성글지 못한 내 맘을 성글도록 맺어야 하기 때문입니다

홍합

어스름 저녁
갈피 잡지 못하고
이리저리 방황하다
내 손에 잡힌 홍합
그 시원한 국물에 쐬주 한 잔
간절하다

술도 병이던가
병이 술이던가

PART3

펄럭이는 그리움

가을, 번개 맞다

번개의 번뇌일까
느닷없는 번개의 외침이 생경스러운 이른 가을
굳이 물어오지 않아도 될 안부
번뇌를 쏟아 부어 온몸으로 건네 온 찌릿함
동맥을 타고 흘러내려 저만치 아랫도리까지 흘러내리는
오줌 저린 후의 낯선 느낌의 혼란스러움

번개 맞은 가을은 옴짝 할 수 없을 만큼의 소용돌이로
기력이 쇠한 채 긴 울렁임만 가득하고
드러누운 싯누런 들판이 을씨년스럽다

갈매기의 재주

승봉도행 배에 오른다
마중하듯 갈매기가 솟구친다
그들을 위한 성대한 잔치
너른 바다 위로 새우깡이 떨어지고 있다

[*]소이작도

섬속에 머물던
한숨 거두어
바다에 푼다
스미듯 파도에 쓸려
사라지고 [*]임란의
고달프던 삶은
뽀얀 해무로 승화한다

*임란-임진왜란

*소이작도-임진왜란때 피난온 난민들의 정착지

대추

푸르기만 하던 그였다
봄날의 해
여름의 비와
가을날 바람이 어우러져
낮달을 품듯 둥글다
그리하여
그는
붉을 수 있었다

가을 1

바람은 불고
갈대는 흔들리고
물결은 일렁이고
분주하고
조용하다

가을 2

한 때
가을이 깊은 적이 있었습니다
질마재의 국화를 볼 때나
옅은 코스모스가 볼품없이 흔들릴 때나
얇은 시집과 함께
호수를 걷고 싶을 때나
2인용 자전거를 타고
누군가와 함께하고 싶을 때
가을이 깊다 생각했습니다
지금
가을이 깊습니다

가을 3

앨범에서
코스모스를 배경으로
미자와 찍은 오래된 사진 한 장을
찾았습니다
분명 사진은 있는데
기억이 없습니다
교복이 상큼한 미자, 그리고 나
오랜 시간이 흐른 뒤의 기억

85-13

민통선 안의 그들

땅뙈기를 얻었다
민간인 통제구역을 넘어섰다
펑펑 터지는 지뢰도 온몸으로 막았고
파편이 박힌 몸뚱이로 사계를 지냈다

감자 꽃이 만개했다
멀리서 하얗게 손님이 오셨다
그는 감자밭의 주인이다
난 움찔 멈칫거릴 수밖에
다른 뾰족한 묘수가 없다

짓눌리는 두통으로
하루 이틀 사흘을 보내고
하얀 종이에 두통의 원인을 호소했다
아무도 알아주지 않는다
법이 존재하는 이유만을 가르쳐 줄 뿐

젊은 날의 팔과 다리가 삭아내려
흙이 되고 거름이 되어 싹 틔우고 꽃피운
이 너른 내 목숨과 같은 허연 감자 꽃밭을
지키고 또 지키고 싶음에 오늘도 그는
의수에 의지하고 다시 삽을 잡는다

이별 후

우수수 바닥에 떨어져 뒹구는 각질이 당신이었고
아픈 내 육신보다 결리는 당신의 팔다리가 원래의 나였어요

밖의 별이 눈부시네요

메모

조금 후에 해야 할 것과
내일 있을 일과
글피 해야 할 일들과
갚아야 할 빚과
받아야 할 돈을 적어 둔
메모가 없어졌다
깜깜하다

계집애

일요일이다
외국인 근로자들이 밀려든다
한글을 배우는 시간이다
선생님이 물었다
"계집애가 뭐예요"
한 청소년 근로자가 손을 번쩍 치켜든다
그는 이렇게 말했다
"개들이 사는 집입니다" 라고

−윤동주의 "하늘과 바람과 별과 시" 수업 중

숨

휴가다
시멘트 냄새 가득한 재건축아파트 현장
성글게 매어 놓은 빨랫줄에는 얼기설기 널린
옷들이 나란하다
시커먼 지하주차장엔 미장부들만 우글거리고
간간이 내리는 폭우성 장맛비는 시멘트 향을 더 짙게
한다

더러는 떠나고
더러는 남아서
빈 곳을 채웠다
그들은 그들만의 방법으로

먹고 사는 일에 집중할 뿐이다

꽁초

지친 일상이다
일이 잘 풀리질 않는다
긴장의 연속이다
스트레스로 머리가 쑤셔댄다
한 모금 쑥 숨을 들이킨다

전화벨이 울린다
순간
담뱃불을 끈다
전화를 끊는다
꽁초에 다시 불을 붙인다

담쟁이

바다가 되고 싶었다
절벽 끝을 부여잡고
쓸쓸히 기어올랐다
파르르 돋은 새잎으로
절벽을 메워나갔다
꿈꾸는 갈매기처럼
바다에 닿는 꿈을 꾸었다

양귀비

길 건너 붉은 양귀비 지천에
늘어져 있다
*양옥환이 환생한 듯
허벅지게 피어 있다

*양옥환–당나라 현종의 애첩

입영1

지루하게 내리던 장맛비는 여전히 비를 흩뿌리고 있다
집 떠나와 훈련소로 가는 길
마음가득 두려움 밀려들고
흩뿌리던 비는 세찬 비바람으로 바뀌었다

입영2

연병장엔 부슬부슬 여름비 자욱하다
빗물만 투둑투둑 떨어지고
낯선 아이들의 눈동자만 까맣게 탄다

돌아보지 않고 내달리는
스물의 뒷모습에
열 번쯤 스무 번쯤 마른침 삼키며
시큰거리는 콧등을 잠재운다

신병교육대

멀리서 구령 소리 들린다
내 눈엔 벌써 그렁그렁 눈물이다
같은 옷 같은 모자 같은 신발을 신고
누가 누군지 모를 모습으로
연병장 모퉁이에서 구령 소리 뿜으며
내게로 내게로
한 걸음씩 옮겨온다
나도 모르게 두 손을 모은다
어느새 기합이 잔뜩 들어간 자세로
연병장 가운데 우뚝하다

검게 그을린 내 새끼
대한민국 육군 이등병

흐릿하던 연병장엔 햇빛 가득하다

찔레꽃

가수 장사익의 찔레꽃은 너무 슬프다
들을 때마다 가슴이 아릿하다
찔레꽃 향기가 너무 슬퍼서
그래서 울었다던 가사는 나를
더 슬프게 한다

하얗고 순박한 꽃이 나를 슬프게 한다

구월1

새초롬한 매무새로
메밀꽃 다시 피운다
구월엔 허 생원과
그 아들 동이와 성 서방네 처녀가 생각난다
메밀꽃 흐드러지던 어느 여름날 밤의 물방앗간
구월이 한창이다
메밀꽃 사이를 오가는 긴 바람이
조는 듯 하얗고
봉긋한 메밀밭엔 젖 내음 가득하다

구월2

양귀비 가득 핀 꽃밭
가을이 머물고
가을이 떠나간다
붉은 입술
떨구고
떠나간다

별들이 가득하고
별들이 머물고
별들이 떠나간다

구월3

별이
다르다
....

PART4

노을에 지다

기다림

기다림
기다림은 조용하다
기다림은 혼잣말이다
기다림은 느낌이다
맘속에서의 무수한 다툼이며
사투이다
기다림은 그것이다

길을 걸었지

길을 걸었지
그냥 길을 걸어갔어
순간
땅바닥이 솟구치며
내 관절을 쑤셔버렸어

난 그저 조심조심 길을 걸었지
그렇게 그냥 걸어갈 뿐이었어
잠시
지푸라기처럼 생긴 것들이
내 발목을 감아 버렸지
내 여읜 관절을 보란 듯 훑어버렸어

난 그냥 길을 걸어갈 뿐이었는데

마음

보초병 시야에
매미 한 마리 떨어졌다
빗물에 거꾸로 처박혀
허우적거리는데
움직이지 말라는 초병규칙으로
그저 보고만 있다
환생했을까

졸업여행

불혹에 졸업여행을 맞았습니다
맑은 이슬처럼 이슬을 몰고 온 거센 비바람과 함께
비가 오면 오는 대로 좋을 일이었고
바람 불면 부는 대로 좋을 일이었습니다
오랜 시간 함께해온 학우들과의 조우는 비와 바람과
는 무관했지요

멋진 교수님들과
멋진 학우들과
지치고 힘들어 놓고 싶을 때
스스로 다그칠 줄 아는 내(我)가 있어서
여기에 서 있습니다

그 1

어떤 말이든 다 그의 말이 되었고
어떤 생각이든 다 그의 생각이 되었고
어떤 문제든 다 그의 문제가 되었고
어떤 곳이든 다 그의 곳이 되었다
모든 것은 그의 것이 되었다

그 2

창을 활짝 연다
바람이 불고 안개가 걷히고
걷힌 안개 사이
그가 있다

그 3

햇살 비추는 커튼 안으로
하얗게 정전기가 인다

숨 막힐 듯 답답한데
그저 바람 소리만
휑

얇은 벽

월세방의 얇은 벽 사이를 넘나드는 말소리가
소문에 소문을 낳는 소문의 꽁무니가
발가락 사이로 빠져나간 세월이
뒤틀리는 우리들의 운명이
옛일을 기억하지 못하는 세월이
운명처럼 얽힌 손바닥의 선들이
가렵다

운현궁

운현궁 깊은 뜰 안
*농현을 깊게 넣은 거문고 소리
그 듬직한 떨림의 설렘
흥선 대원군을 향한
채선의 애절한 고백
빈산에 달은 잠들고
*채선의 곡조는 잠든 달을 깨우고
달 아래 엎디어 쥘부채처럼 펴지는
어둠 속으로 흥선과 채선이 사라진다

운현궁 깊은 뜰 안
고요하게 잠든 빈산에 달만 풍요롭다

*농현-거문고나 가야금 따위 한국 전통 음악의 현악기 연주에서 왼손으로 줄을 짚어 원래의 음 이외의 여러 가지 장식음을 내는 기법
*채선-흥선 대원군의 애첩

인연 1 -이웃

무싯날 허연 낮에
보리밥 먹으러 오라고
보리밥 먹자고

커다란 양푼에
상추 잎 뚝뚝 잘라 넣고
묵은 고추장 한순갈 떠 넣고
갓 짠 참기름 듬뿍 넣어
쓱쓱 비벼 순가락 몇 개 푹 꽂아
함께 하는 것

인연 2 -이웃

비 오는 날

부침개 부쳐서 부르는 것
그것

인연 3 -이웃

뜨거운 여름 날
윗옷 훌떡 벗고
치킨 시켜 술 한 잔 할 수 있는 것
그것

선운사

꽃무릇 한창이라기에
선운사를 찾았는데
지천에 안타까운 사랑이
바람에 일렁이고 있다
절집은 여전하고
꽃무릇도 여전히 붉고

가끔 1

가끔 외롭다
가끔 아프다
가끔 슬프다

가끔 2

문득문득 생각나고
문득문득 떠오르고
문득문득 함께이고 싶다

희방사 돌탑

계절이 오가고
사람이 오가고
무수한 마음으로
돌탑을 올리고 올리지만
맺지 못한 인연과
풀지 못한 매듭으로
돌탑은 오늘도 가파르다

너

나는 나
너는 너
나는 너
그런 것

해가 진다

오이도 제방 넘어
해가 떨어진다

뜨겁던 낮의 열기를 내려놓으며
섧도록 아름다운 노을이 다가올 때는
사랑하는 사람이 그립거나
그리운 사람을 기다리거나
간절한 마음이 된다

그토록 그리운 사람과
둘의 얘기를 속삭이며
후회 없는 어둠 속으로
저벅저벅 걸어가고 싶다

愛

대책 없이 후벼 파던
마음의 생채기도
아득하게 사위어져
늦가을 바람 속으로 지고 있다
홀연히 그리고 황홀히 피어나
절정 없이 흔들어 놓던 봄날의
꽃은
부는 바람 속으로 산화하고 있다

굳은살

발가락에 굳은살
물에 불려 긁어도 보고
후벼 파 보기도 하고
벗겨도 보지만
떨어져 나갈 생각이 없다
아프고 배기고 아프고 배기고
이렇게 나와 하나가 되어버린

삶의 물결위에 기쁨의 소통을 꿈꾸는 시인

강 미 애
(수필가·마음치유연구소 소장)

내가 만난 사람 중에 그 이미지가 한 장의 풍경화로 남아 있는 경우가 있다. 그 그림은 움직이는 그림이다. 미세하게 움직이는 살아 있는 풍경화다. 반드시 그런 것은 아니지만 대부분 그 풍경화의 밑그림은 변하지 않는다. 하지만 만남이 이어지면서 그 풍경화는 아주 조금씩 변화한다.

내가 만난 김창희 시인은 사람을 편안하게 하고 마음 터놓고 사귈 수 있는 참 좋은 사람이다. 그녀는 한 가정의 안주인으로서 빈틈없이 살림을 꾸려나가는 좋은 동반자이며 두 자녀의 훌륭한 어머니이고 자아 발전에도 최선을 다하는 사람이다. 이렇게 수월치 않은 일들을 묵묵히 해내면서 이번에 첫 시집을 상재한 것이다. 진심으로 축하할 일이다.

사람은 누구에게나 자신만의 삶의 양식이 있다. 하지

만 우리들의 삶이란 안개와 같아서 모든 것이 불투명하다. 그러나 안개가 사라지면 우리가 찾고 있던 꽃이 바로 앞에 피어 있는 것을 볼 수도 있다. 물론 평생을 안개 속에서 헤매다 끝내는 생도 있을 것이지만 말이다. 그래서 시 쓰는 일은 삶의 한 양식이라는 생각이 든다. 어쩌면 우리가 인생은 사는 것이 아니라 생이 우리를 어딘가로 이끌고 가는지도 모르기에.

삶이 동굴 같을 때가 있다. 멀리 희미하게 보이는 동굴. 그러나 걸어 들어갈수록 점점 더 그 빛이 멀어지는 것 같은 느낌. 그 어둠 속에서 호롱불 하나 들고 사방을 가늠하면서 되돌아가야 할지, 아니면 앞으로 나아가야 할지 생각하는 시간은 혼란스럽다. 우리의 생은 되돌아갈 수 없는 구조로 되어 있다. 가다가 쓰러져 그 자리에서 멈추어버릴지라도 계속 가야만 한다. 그것이 시 쓰기이다.

김창희시인의 시에는 지극히 일상적인 풍경들과 그에 대한 양식화된 이해 그리고 그 감정들을 뚫고 나오는 시적 주제들이 도드라진다. 그녀의 시는 그녀의 성실한 삶, 구석구석을 잘 표출해 내고 있다. 공상이나 허황된 것이 아닌 어디까지나 자신의 경험과 느낌을 통한 건전한 상상과 이미지로 삶의 안과 밖을 형상화하고 있는 것이다. 억센 듯 강건하면서도 풍부한 감성을 지니고 있어 섬세하며 다정하고 예의 바르다. 그러나 감성을 헤프게 휘두르지 않고 잘 다스렸음이 그녀의 시에 잘 반영되고 있다.

작가는 작품을 통해서만 모습을 드러내는 숨겨진 존재이다. 그 뿌리와 같은 이들의 일상을 통해 어떻게 자양분을 빨아들이고, 줄기로 끌어올리고, 꽃을 피워내는지 조심스럽게 읽고 짐작해야 한다. 그 자양분의 성분을 분석해 보면 슬픔이 있다. 결국 시인은 이 세상, 혹은 자신의 슬픔을 토대로 자라는 나무인 것이다.

가을, 번개 맞다

번개의 번뇌일까
느닷없는 번개의 외침이 생경스러운 이른 가을
굳이 물어오지 않아도 될 안부
번뇌를 쏟아 부어 온몸으로 건네 온 찌릿함
동맥을 타고 흘러내려 저만치 아랫도리까지 흘러내리는
오줌 저린 후의 낯선 느낌의 혼란스러움

번개 맞은 가을은 옴짝 할 수 없을 만큼의 소용돌이로
기력이 쇠한 채 긴 울렁임만 가득하고
드러누운 싯누런 들판이 을씨년스럽다

가을을 닮은 그녀의 시 한편을 음미하면서, 김창희 시인의 첫 시집에 내 마음을 담은 발문을 마무리한다. 다시 한번 첫 시집『가을, 번개 맞다』의 출간을

진심으로 축하한다. 앞으로 더욱 정진하여 시의 길에서 시와 삶이 어울려 여물어가기를….

2013년 초가을